AF500336

16° H 60

GRAND ORIENT DE FRANCE

CONGRÈS DES LOGES DU SUD
1911

RAPPORT
SUR UNE
MEILLEURE ORGANISATION
DES
TRAVAUX DU CONVENT

PRÉSENTÉ PAR

LA LOGE " UNION, TRAVAIL ET LIBERTÉ "
O∴ DE MILLAU

MILLAU
IMP. P. GUIBERT, 45, BOUL. DE L'AYROLLE

RAPPORT

SUR UNE

MEILLEURE ORGANISATION

DES

TRAVAUX DU CONVENT

CONSIDÉRATIONS GÉNÉRALES

Ce que l'on peut appeler d'un mot « l'action maçonnique » est la résultante de trois actions différentes mais convergentes : celle de chaque Franc-maçon, dans son milieu et avec son tempérament propre ; celle des loges dans la localité et la région où elles exercent leur influence ; celle du Convent et du Conseil de l'Ordre dans la société tout entière.

Mais Francs-maçons, Loges, Conseil de l'Ordre, s'inspirent des discussions et des décisions de l'Assemblée générale qui représentent ou sont censées représenter la synthèse du travail et de la pensée maçonnique.

Aussi croyons-nous que plus les discussions et les décisions du Convent seront nettes, plus profitable sera l'action des FF∴, des At∴ et du Conseil de l'Ordre car, mieux éclairés, possédant bien leurs sujets, ils pourront exercer une influence plus considérable quand ils iront batailler dans le

60

[stamp]

monde profane en faveur des idées de progrès si chères à la Maçonnerie.

Mais pour qu'il en soit ainsi il faudra mûrement étudier d'abord, bien discuter et clairement solutionner ensuite les questions portées à l'ordre du jour de nos Assemblées générales.

D'où nécessité d'une organisation rationnelle des travaux du Convent.

Cette nécessité nous apparaît plus impérieuse aujourd'hui que jamais. Tous ceux qui observent et réfléchissent comprennent ou sentent — les Francs-maçons plus particulièrement — que la société souffre d'un malaise, entre dans une crise, cherche sa voie. Les problèmes d'ordre économique se posent nombreux, complexes et réclament une prompte solution.

Comment faire cesser ce malaise? Comment conjurer la crise, tout au moins la crise violente? De quoi demain sera-t-il fait?

Autant de questions angoissantes auxquelles il est très difficile, peut-être, mais non pas impossible, sans doute, de répondre. Des profanes peuvent rester perplexes, reculer devant les obstacles et se dérober, la Franc-Maçonnerie ne le peut pas sans mentir à son passé, sans faillir à sa mission.

Elle doit donc s'atteler hardiment à la besogne et essayer de surmonter toutes les difficultés de l'heure présente en étudiant les problèmes sociaux avec le plus grand soin, en observant les faits dans un esprit scientifique, en recueillant toutes les critiques, toutes les tendances, toutes les solutions proposées par ses adeptes pour en faire ensuite la synthèse. Ce faisant elle permettra à chaque F.·. d'avoir sur toutes les questions des vues d'ensemble d'une grande valeur, des opinions éclairées et fortement étayées de faits exacts et précis.

Son organisation, son mode de recrutement dans tous les milieux sociaux permettent à la Franc-Maçonnerie d'accomplir cette excellente besogne.

Evidemment, nous savons que jusqu'ici elle n'a pas poursuivi d'autre but. Mais notre At.·. s'est demandé si, actuellement, chaque F.·., chaque Loge, sont suffisamment encouragés ; s'ils sont placés dans des conditions qui leur permettent de donner leur maximum d'effort ; si les discussions et les décisions des Assemblées générales sont aussi nettes, aussi claires, aussi précises qu'il conviendrait ; si les comptes rendus du Convent ne pourraient pas, par suite d'une meilleure organisation du travail, constituer des documents plus précieux, de première valeur, capables d'aider à une éducation plus rapide et plus complète des Loges et de tous les Francs-maçons.

Nous sommes donc amenés à aborder l'étude critique de l'organisation actuelle du travail. Nous le ferons en nous reportant au compte rendu du dernier Convent.

***

PRÉPARATION DES TRAVAUX DU CONVENT

Cette préparation se faisant surtout dans les Loges, c'est là que nous allons l'étudier.

Nombre de propositions soumises à l'étude des loges. — Les loges avaient à donner leur avis sur *quatre* vœux d'ordre maçonnique dont un très important — « Un Maçon du G.·. O.·. peut-il être membre actif d'une loge mixte » — et à rapporter *sept* questions d'ordre politique et social.

Pour le prochain Convent elles ont à étudier *treize* questions d'ordre politique et social et *une* relative à la modification du Règlement général.

EFFORT PRODUIT PAR LES LOGES

Voyons quel effort ont produit les loges pour étudier les questions portées à l'ordre du jour de l'Assemblée générale.

1° Questions maçonniques. — D'après le compte rendu du dernier Convent 427 Loges étaient représentées, 8 se sont excusées, 4 ne se sont pas excusées. Notre Fédération comptait donc, à ce moment, 439 Loges.

Le nombre de rapports ou avis reçus relativement aux propositions portant modification à la Constitution et au Règlement général est de :

a) 300 sur la modification de l'art.·. 68 du Règlement général (initiation de 5 profanes au plus dans la même tenue).

b) 300 sur la modification de l'art.·. 101 du Règlement général (ancienneté maçonnique pour être membre honoraire)

c) 391 sur la question : « Un Maçon du G.·. O.·. peut-il être membre actif.·. d'une L.·. mixte ».

d) 312 sur la modification des art.·. 161-162 du Règlement général (homologation des Règlements particuliers des At.·.).

Soit une moyenne de 326 Loges ayant fourni un rapport ou donné leur avis sur chaque question, soit encore le 74 %, proportion relativement satisfaisante.

2° *Questions politiques et sociales.* — Nous sommes ici obligés de donner un chiffre global, tous les rapporteurs n'ayant pas fait connaître le nombre des Loges qui ont répondu. On peut cependant, d'après les données incomplètes mais suffisantes fournies par le compte rendu du dernier Convent, fixer à 150 en moyenne le nombre de rapports fournis sur chaque question, soit le 35 %. Il est intéressant de noter, en passant, combien ces chiffres sont inférieurs aux précédents. Nous en tirerons, en temps utile, les conclusions qu'il convient.

Si, envisageant ces résultats à un autre point de vue nous « renversons » ces derniers nombres nous constatons que 289 Loges soit le 65 % en moyenne, n'ont pas envoyé de rapports, n'ont pas donné d'avis sur chacune des sept questions politiques et sociales soumises à leur étude.

Il ne faut cependant pas en inférer que 289 Loges n'ont rien fait. Nous pensons plutôt que les Loges inertes constituent une petite minorité et nous croyons nous rapprocher davantage de la vérité en disant que, sans doute, le plus grand nombre s'est contenté d'étudier une partie seulement des propositions soumises à leur étude.

La conclusion qui paraît s'imposer est donc la suivante : quelques At.·. se désintéressent complètement de toutes les questions portées à l'ordre du jour du Convent, d'autres, bien plus nombreux, n'en discutent et n'en rapportent qu'une petite fraction.

CAUSES D'INERTIE DES LOGES

Nous nous sommes demandés pourquoi un si grand nombre de Loges se désintéressent de tout ou partie des propositions et résolutions renvoyées à leur étude. Il nous a paru que cette inertie provenait :

1° *De ce que le nombre des questions mises à l'étude est trop grand.* — C'est pourquoi les Loges n'ont pas le temps matériel de les étudier toutes, surtout si elles veulent faire un travail consciencieux.

C'est d'ailleurs l'avis du F. ·. Canard, rapporteur, au dernier Convent de la commission des vœux maçonniques. Voici comment il s'exprime (page 305 du compte rendu) :

« Chaque année, mes FF. ·., on renvoie « à l'étude des Loges, un nombre considé« rable de questions pour lesquelles le « temps leur fait absolument défaut. Je « demande que le Convent prenne une « décision limitant le nombre des questions « qui seront renvoyés à leur étude. »

Aussi qu'arrive-t-il ? Toutes les questions n'ayant pas la même importance aux yeux de chaque Loge, elles étudient celles qui ont leur préférence ou n'en étudient aucune. Les efforts se dispersent ou sont nuls.

2° *De ce que les Loges ne sont pas documentées pour étudier les questions* : Autre raison pour laquelle elles se spécialisent ou ne font rien, craignant de ne pouvoir founir un travail sérieux, de quelque valeur. Et cela est si vrai que lorsque des questions d'ordre maçonnique, qu'elles connaissent bien, qui les intéressent, sont soumises à leur étude, nous voyons le pourcentage des Loges qui travaillent s'élever à 74 0/0 tandis qu'il tombe lamentablement à 35 0/0 quand il s'agit de questions d'ordre politique et social qu'elles ne connaissent que superficiellement et sur lesquelles elles ne sont pas documentées.

3° *De ce que les Loges savent que les Commissions du Convent n'ont pas le temps de dépouiller sérieusement les nombreux et volumineux dossiers qui leur sont confiés.* — Elles peuvent s'en convaincre facilement en lisant les comptes rendus de l'Assemblée générale tout le long desquels revient comme un « leit motiv » cette plainte des rapporteurs : « Nous n'avons pas eu le temps matériel de lire attentivement tous les rapports qui nous ont été remis ». Aussi les ateliers ne sont-ils pas encouragés à produire un effort qui risque beaucoup de passer inaperçu, d'être presque inutilisé.

CONSÉQUENCES DE CETTE INERTIE

Les conséquences de cet état de choses sont déplorables car elles empêchent la Franc-Maçonnerie d'atteindre plus rapidement le but qu'elle poursuit : « travailler à l'amélioration matérielle et morale, au perfectionnement intellectuel et social de l'humanité. » (article 1er de la Constitution).

Si, en effet, les Loges ne donnent par leur avis, et un avis éclairé, les enquêtes que fait la Maçonnerie sur les questions d'ordre politique et social sont incomplètes et inférieures, donc peu utilisables.

D'autre part — et ceci est plus important encore — l'éducation intellectuelle des

FF.·. ne se fait pas ou se fait mal dans les Loges inertes et dans celles où l'on ne travaille pas assez; ce sont autant de forces perdues qui s'agitent dans le vide quand, pour employer leur besoin d'activité, elles n'intriguent pas et ne sèment pas la division et la discorde.

Il importe donc de mettre les Loges en mesure de travailler et, pour cela, il nous paraît indispensable :

1° *De limiter le nombre des questions d'ordre politique et social à étudier* ;

2° *De documenter les Loges pour qu'elles puissent travailler dans de bonnes conditions ;*

3° *De donner aux rapporteurs le temps de dépouiller les rapports des At.·. afin qu'ils sachent bien que leur travail sera examiné attentivement.*

AUTRES CONSÉQUENCES :

LES DÉLÉGUÉS AU CONVENT

Une organisation du travail ainsi comprise permettrait à chaque Loge de discuter à fond, pied à pied, de modifier aussi, le cas échéant, les rapports et les conclusions qui lui seraient présentés par les rapporteurs, car le temps ne lui ferait plus défaut. On aurait ainsi un travail impersonnel résultant de la collaboration de tous les FF.·., portant les traces de leurs observations, de leurs conceptions, représentant bien la tendance et l'opinion de l'ensemble de la Loge. Le plus souvent il n'en est pas ainsi actuellement.

La multiplicité des questions à étudier, l'absence de documentation, obligent les Loges qui veulent faire un rapport sur chaque question à adopter presque intactes les conclusions des rapporteurs, faute de temps et d'arguments pour les discuter.

La synthèse des avis des Loges tentée par les commissions — si elles en avaient le temps — ne représente pas dès lors la pensée exacte de la Fédération. Mieux que cela. Les faits observés et notés sont vus sous un angle particulier par les rapporteurs dans chaque Loge et peuvent, de bonne foi, être dénaturés si, faute de temps ils ne sont pas soumis à la libre critique de tous les membres de l'At.·. C'est là une source possible d'erreurs et de déformations regrettables.

D'autre part, les délégués au Convent ne connaissent le plus souvent que les points de vue particuliers, non pas de leurs Loges, mais des rapporteurs de leurs Loges. Dans ces conditions ils suivront plus difficilement les travaux du Convent et pourront se laisser entraîner par des mouvements oratoires plutôt que par des arguments rationnels. Les votes risqueront d'être des votes de surprise qui donneront à tous les Maçons des indications erronées.

Les délégués qui, avant d'aller au convent, avaient une connaissance très imparfaite des questions seront fort embarrassés au moment du vote s'ils ont reçu de leur Loge un mandat impératif. Ils pourront en effet se dire : « Si les FF.·. de mon At.·. assistaient aux débats du Convent me confirmeraient-ils le mandat qu'ils m'ont donné où le modifieraient-ils après avoir entendu, comme moi, les nouveaux arguments qu'on vient d'apporter à la tribune et qu'ils ignoraient ? Et s'ils modifiaient mon mandat dans quels sens me diraient-ils de voter ? »

Et alors, ou ils violeront leur mandat pour donner un avis personnel, ou ils émettront un vote insuffisamment éclairé puisque appuyé sur les connaissances incomplètes qu'ils ont puisées dans leurs Loges. Dans l'un comme dans l'autre cas le vote traduira mal la pensée maçonnique.

Aussi nous paraît-il nécessaire, pour porter plus de clarté, de précision et de profondeur dans les débats, pour donner plus de valeur et de sincérité raisonnée aux votes du Convent, de *faire parvenir aux Loges et aux délégués, deux mois environ avant la réunion de l'Assemblée générale, un rapport général préalable qui serait une analyse impartiale, condensée, des rapports envoyés par les At∴*. Chaque Loge pourrait donner à son délégué, mieux éclairé, un mandat précis ou indicatif raisonné. Les résolutions du Convent auraient alors une signification non équivoque.

***

LES TRAVAUX DU CONVENT

ÉLECTION DES COMMISSIONS

Suivons ici l'ordre chronologique.

Dès que les délégués ont prêté leur obligation, le sort désigne à quel bureau ils sont affectés. Chacun des 9 bureaux élit un délégué pour chaque commission, deux pour la commission des études politiques et sociales, la plus importante de toutes, et dont nous nous occuperons presque exclusivement. Voici ce qui peut fort bien se produire car le hasard est aveugle et — soit dit en passant — nous trouvons étrange que les Maçons se livrent ainsi à lui au lieu de réfléchir, de raisonner et de prévoir. Il peut arriver que dans un bureau il y ait peu de FF.·. vraiment aptes à rapporter une question, tandis que dans un autre les compétences et les valeurs abondant, il soit impossible de les utiliser comme il conviendrait. C'est regrettable à un double point de vue : d'abord, parce que ces FF.·. ne pourront pas produire leurs observations, à moins qu'ils ne le fassent en Assemblée générale au risque de prolonger et d'obscurcir les débats en intervenant à contre temps ; ensuite parce que ceux qui, à tout prix, voudront être désignés comme délégués, intrigueront et n'hésiteront pas, le cas échéant, à obtenir un vote de surprise avant même que le bureau ait pu se trouver au complet pour délibérer valablement. Il convient de prévenir de telles pratiques peu dignes de la Franc-Maçonnerie, et de porter remède à cette situation.

C'est pourquoi la Loge « Union, Travail et Liberté » désirerait voir opérer une réorganisation sur des bases plus démocratiques afin de permettre à toutes les compétences, à toutes les bonnes volontés, sans exception, de prendre part aux travaux des commissions de leur choix.

Les difficultés d'organisation ne sont ni aussi nombreuses ni aussi insurmontables qu'elles le paraissent. Certes, il faudra modifier assez profondément les pratiques actuelles, mais qu'importe si le nouvel ordre de choses est plus rationnel et surtout capable de produire des résultats bien meilleurs ?

On nomme, à chaque Convent, deux sortes de commissions. Les unes à caractère plus particulièrement administratif jouent surtout un rôle de contrôle (on peut sans inconvénient, les laisser fonctionner dans les conditions actuelles) ; les autres, la commission des Vœux maçonniques, et celle des Etudes politiques et sociales, dépouillent les rapports des Loges et préparent les discussions les plus importantes de l'Assemblée générale par les idées qu'elles sont appelées à agiter.

Il conviendrait, c'est l'avis de notre At∴, de supprimer ces deux commissions, et de les remplacer par un nombre de commissions égal à celui des questions renvoyées à l'étude des Loges : cela est possible si l'on admet la réduction du nombre de ces questions ainsi que nous l'avons déjà proposé.

Une exception cependant : il n'y aurait qu'une seule commission pour rapporter toutes les propositions tendant à porter des modifications à la Constitution ou au Règlement général, sauf le cas où l'une de ces propositions paraîtrait très importante et de nature à provoquer une longue discussion.

Ces commissions, ouvertes à qui voudrait, éliraient leur bureau, n'auraient à dépouiller aucun dossier, ce travail devant être fait à l'avance, et se contenteraient de discuter une question chacune.

Les débats y seraient longs sans doute, larges surtout, confus peut-être tout d'abord, mais ils finiraient pas devenir plus clairs à mesure qu'ils se prolongeraient et des courants s'y dessineraient. Chaque rapporteur n'aurait plus, en Assemblée générale, qu'à rendre compte des travaux de sa commission, et à défendre ses conclusions. Chaque tendance, ainsi que cela se pratique dans des congrès profanes, pourrait désigner un certain nombre de porte paroles pour développer les différents points de vue en assemblée plénière. Les débats y gagneraient en rapidité, en ampleur, en clarté, en précision . . . en silence, car l'intérêt serait plus grand. Les résolutions seraient votées par les délégués en connaissance de cause et traduiraient mieux la pensée de la Fédération tout entière

Les comptes rendus du Convent auraient les mêmes qualités que les débats eux-mêmes et pourraient devenir de précieux outils d'éducation et d'émancipation entre les mains des FF.˙., surtout si, pour en rendre la lecture plus facile, on avait recours à une nouvelle disposition matérielle qui consisterait à grouper, au lieu de les disséminer à travers les séances, toutes les interventions, tous les discours se rapportant à une même question.

Enfin, dernière mesure, il faudrait faire alterner les séances de commission avec les séances plénières afin de permettre à chaque délégué d'assister aux travaux de sa commission et aux séances du Convent. Cela serait possible. On pourrait, en effet, réduire sans inconvénient le nombre des réunions plénières puisque les questions, bien préparées, seraient débroussaillées dans les commissions.

En résumé notre Loge propose :

1° *La suppression de la commission des*

Vœux maçonniques et de la commission des Etudes politiques et sociales ;

2° Leur remplacement par une commission des modifications à porter à la Constitution et au Règlement général et par autant de commissions que de questions renvoyées à l'étude des Loges ;

3° La liberté pour chaque délégué de s'inscrire à la commission de son choix ;

4° La suspension des travaux de l'Assemblée générale de façon à faire alterner les réunions plénières avec les séances de commission.

LE TRAVAIL DANS LES COMMISSIONS

Les commissions des Vœux maçonniques et des Etudes politiques et sociales travaillent dans des conditions particulièrement irrationnelles et défectueuses.

Au dernier Convent, dès leur formation, les dossiers se sont accumulés dans ces commissions. Il y en avait : 3 pour avis de modification au règlement général et 1 relative à la question des Loges mixtes à la commission des Vœux maçonniques ; 7 à la commission des Etudes politiques et sociales. Encore convient-il d'ajouter l'avalanche des vœux divers qui sont venus s'abattre sur ces malheureuses commissions, ce qui a porté à 20 le nombre des questions qu'a dû examiner la commission des Vœux maçonniques et à 51 le nombre des questions qu'à dû rapporter la commission des Etudes politiques et sociales.

Les conséquences sont faciles à prévoir. Le temps matériel manque aux rapporteurs, ils l'avouent, pour dépouiller consciencieusement chaque dossier et ce n'est pas fait pour encourager les Loges au travail. Ces rapporteurs, n'ayant pas le temps ne s'imprégner des tendances contenues dans les dossiers, font un rapport personnel qui ne peut pas être le reflet, même approché, de la pensée maçonnique. Les débats risquent d'être confus, car nombre de délégués veulent, sans aucun ordre méthodique, apporter leur avis, dans ladiscussion générale, placer leur mot, tandis que d'autres opinions ne peuvent être portées à la tribune avant que les délégués, fatigués, réclament et obtiennent la clôture. Aussi les résolutions qui clôturent la discussion, oiseusepar certains côtés, incomplète par d'autres, ne donnent-elles que rarement une idée exacte de l'état de l'opinion maçonnique, si importante à dégager.

Remarquons d'autre part que la commission ne peut donner qu'un avis hâtif sur les rapports et les conclusions du rapporteur. Elle ne peut les modifier, obligée qu'elle est, de marcher à toute vitesse pour que ses rapports ne retardent pas les travaux du Convent.

Il convient de donner plus de temps aux rapporteurs. Il suffira pour cela :

1° *De faire dépouiller les dossiers bien avant la réunion du Convent et de les faire résumer dans un rapport préalable, dont il a été déjà parlé, par un rapporteur désigné à l'avance.*

2° *De créer une commission spéciale dite des vœux divers, qui aura pour mission de retenir les vœux qui lui paraîtraient mériter une étude approfondie et de proposer soit l'adoption, soit le rejet de ceux qui ne présen-*

tent qu'un intérêt médiocre ou qui ne risquent pas de faire l'objet d'une longue discussion.

Telles sont les critiques formulées par la Loge " Union, Travail et Liberté " en ce qui concerne l'organisation actuelle des travaux du Convent.

Il ne lui reste plus maintenant qu'à tracer le cadre d'une organisation plus rationnelle, en faisant état de ses observations et en coordonnant ses conclusions.

***

PLAN D'ORGANISATION

1) NOMBRE DES QUESTIONS A L'ÉTUDE

Le nombre des questions d'ordre maçonnique et d'ordre politique et social sera réduit à 3 ou 4 au maximum, exception faite pour les modifications à porter à la Constitution et au Règlement général qui peuvent être rapidement solutionnées.

Moyens pour réduire le nombre des questions :

1° Le Convent, après avis des Commissions, dressera la liste, aussi longue qu'il voudra, des questions à renvoyer à l'étude des Loges ;

2° Le Conseil de l'Ordre fera parvenir immédiatement cette liste à tous les At∴ de la Fédération.

3° Chaque Loge choisira dans cette liste les 3 ou 4 questions qui lui paraissent les plus importantes et fera parvenir sa réponse au G∴ O∴ avant le 1er novembre, sous peine d'amende.

4° Le dépouillement des réponses sera fait par les soins du Conseil de l'Ordre qui portera le résultat à la connaissance des Loges dans la première quinzaine de novembre.

B) RAPPORTS PRÉALABLES. — DOCUMENTATION

Un rapport préalable relatif à chaque question sera envoyé aux At∴ et aux délégués avant le mois de juillet.

Moyens à employer pour dresser ces rapports :

1° Dès que le Conseil de l'Ordre connaît les questions choisies par voie de référendum, il désigne un rapporteur pour chacune d'elles, en tenant compte de ses aptitudes, et indiquera leur nom et leur adresse aux At∴.

2° Les rapporteurs et le G∴ O∴ feront connaître aux Loges, aussitôt qu'ils le pourront, les documents et les indications de nature à les éclairer (Les At∴ auront ainsi la possibilité de se créer une bibliothèque bien composée).

3° Chaque Loge enverra rapports et conclusions aux rapporteurs désignés avant le mois de mai ;

4° Chaque rapporteur dépouillera les rapports des Loges, dressera un rapport préalable en concentrant les idées des Loges et le fera parvenir au G∴ O∴ avant le 1er juin, afin que l'impression puisse être finie fin juin.

C) LES COMMISSIONS DU CONVENT

Les commissions suivantes : Finances ; Grâces et Dégrèvements ; Propagande ; Con-

BIBLIOTHÈQUE NATIONALE R.F.

trôle et Caisse de solidarité subsisteront telles quelles.

La Commission des vœux maçonniques et la Commission des études politiques et sociales seront supprimées et remplacées :

1° Par une Commission chargée d'étudier et de rapporter les modifications à la Constitution et au Règlement Général.

2° Par autant de commissions que de questions retenues par les Loges.

3° Par une Commission des Vœux divers. Elle proposera à l'Assemblée Générale de retenir les vœux importants qui nécessitent une étude approfondie, d'adopter ou de rejeter ceux qui ne sont pas susceptibles de donner lieu à une longue discussion ou qui ne présentent qu'un intérêt médiocre.

Dispositions complémentaires. — 1° A ces dernières Commissions pourront se faire inscrire tous les délégués qui le désireront.

2° Le rapporteur, élu par chaque commission, fera le compte-rendu des travaux et défendra, en Assemblée générale, les conclusions adoptées.

3° Autant qu'elles le pourront, ces commissions désigneront un ou plusieurs orateurs de chaque tendance qui défendront leurs points de vue devant le Convent.

4° Les séances de Commission alterneront avec les réunions plénières afin de permettre à chaque délégué d'assister aux séances de Commission et aux séances du Convent, (L'ordre du jour étant moins chargé, les questions mieux étudiées, on pourra sans inconvénient réduire le nombre des séances de l'Assemblée Générale).

D) COMPTES RENDUS DES CONVENTS

Les comptes rendus des Convents seront disposés de façon à grouper, au lieu de les disséminer à travers les séances, toutes les interventions, tous les discours se rapportant à une même question.

***

La Loge " Union, Travail et Liberté " espère que le Congrès, comprenant l'importance des modifications qu'elle propose et les heureux résultats qu'elles sont appelées à produire voudra bien, dans ses grandes lignes au moins, faire siennes ses considérations et ses conclusions. Aussi se permet-elle d'indiquer la tactique qui lui paraît la meilleure pour aboutir plus facilement.

***

TACTIQUE A SUIVRE

La Loge « Union, Travail et Liberté » ne considère pas son rapport et ses conclusions comme intangibles. Elle en fait une base de discussion qui permettra à chaque At.·. d'étudier de près la question.

Elle n'ignore pas que si sa proposition est portée dès cette année au Convent, sous forme de vœu, elle court le risque de subir un « enterrement de première classe ».

Elle serait heureuse de voir son rapport, aussi imparfait soit-il, publié dans le compte rendu du Congrès, accompagné des observations des délégués afin que les Loges de la région du Sud puissent creuser posément la question.

Elle demande en outre :

1° Que sa proposition reste sous le maillet du Congrès pour être reprise au Congrès de 1912.

2° Que le Congrès désigne un rapporteur qui dresserait, au moyen des rapports envoyés par les Loges de la région du Sud, un rapport documenté et probant. Ce rapport serait ensuite envoyé à tous les At∴ de la Fédération après qu'il aurait été discuté par le Congrès de 1912.

De cette façon la question, bien étudiée, aura quelque chance d'être retenue par le Convent de 1912 et renvoyée à l'étude des Loges.

APPENDICE

La Loge « Union, Travail, Liberté », pour appuyer son étude critique de l'organisation actuelle du travail et les conclusions relatives à une réorganisation nécessaire, pour montrer aussi que sa proposition répond à un besoin, a cru bon de relever et de classer dans un appendice les observations présentées à ce sujet par quelques FF∴ autorisés.

TROP DE LOGES NE TRAVAILLENT PAS. CONSÉQUENCES : CELA NUIT A L'ÉDUCATION DES FF∴ DE CES LOGES

Le F∴ Bédarrides, rapporteur de la question de la décentralisation administrative, analysant les rapports des Loges regrette (1) « de constater que certaines (Loges) qu'il ne veut pas nommer, ont peut-être beaucoup discuté mais ne se sont pas fatiguées à rédiger », et il ajoute : « mais qu'est cela au près de celles qui n'envoient même pas de réponse etqui, franchement, auraient bien pu faire ce petit effort, car le but de nos travaux est bien plutôt de susciter la discussion et l'étude des problèmes pour façonner et faire évoluer les esprits que de les leur faire résoudre dans un sens ou dans l'autre ; pas d'opinions toutes faites, pas de « magister dixit » ; la Maçonnerie ne doit pas être un simulacre d'émancipation aboutissant à remettre les esprits en lisière ; elle doit être une association d'hommes libres qui cherchent la vérité et la sagesse en s'entr'aidant réciproquement pour cette noble tâche ».

RÉDUCTION DU NOMBRE DES QUESTIONS

Nous rappelons pour mémoire les paroles prononcées par le F.·. Canard (2).

Le F.·. Courty, après avoir dit qu'au Convent de 1909 il avait demandé que les Loges soient documentées, ajoute (3) : «...Aujourd'hui, j'appelle votre attention sur le point suivant : Tous les rapporteurs ont été unanimes à constater la pauvreté de la documentation fournie par les At.·.. La raison en est simple : Si, par exemple, à nous qui habitons le centre de la France, vous nous envoyez des questions concernant les colo-

(1) Page 183 du compte rendu du Convent de 1910.
(2) Voir p. 6 de notre Rapport.
(3) Pages 209 et 210 du Compte rendu du Convent de 1910.

nies, nous n'y connaissons rien. Pour remédier à cela, voici ce que je propose : Le Conseil de l'Ordre pourrait demander aux Loges, dans un délai déterminé, de lui indiquer quelles sont les questions qu'elles entendent étudier. De cette façon, les Loges étudieraient peut-être seulement deux ou trois questions, mais enfin elles étudieraient des questions qu'elles connaissent ou que des membres de ces Loges connaissent. Les commissions, au lieu d'avoir à dépouiller 350 dossiers, n'en auraient peut-être que 15 mais ceux-ci seraient très documentés. »

Nous n'entrons pas complètement dans les vues du F.·. Courty.

Si nous avons bien compris son système, les questions renvoyées à l'étude des Loges continueraient à être arrêtées par le Convent, et les Loges pourraient étudier celles qu'elles voudraient.

Dans ces conditions l'Assemblée générale aurait toujours à discuter un trop grand nombre de questions et elle serait dans l'impossibilité d'en faire une étude assez approfondie.

D'autre part si, comme le prévoit notre F.·., il n'était envoyé qu'une quinzaine de rapports sur une question, ne serait-il pas à craindre que, malgré leur richesse de documentation et leur valeur, le problème ne soit envisagé à un point de vue trop particulier et que, par suite, l'étude en soit incomplète ?

Or, il nous paraît bon, quand un problème d'une certaine importance se pose, de pousser toutes les loges à l'étudier. De cette façon les At.·. qui ne sont pas directement intéressés à la discussion d'une question la verront sous un autre angle, d'une façon plus objective, et pourront donner des avis intéressants, indispensables même, si l'on veut que toutes les opinions se fassent jour; de cette façon aussi tous nos FF.·. pourront poursuivre et parfaire leur éducation. Pour mettre les Loges en mesure de travailler, il suffira de les documenter.

Ainsi, pour prendre l'exemple du F.·. Courty, il nous semble que, si une question coloniale est inscrite à l'ordre du jour du Convent, il faut que les loges de la métropole donnent leur avis. Les At.·. coloniaux verront probablement le problème du point de vue strictement colonial et apporteront des faits de première valeur observés sur les lieux ; mais n'est-il pas bon que les Loges métropolitaines discutent ces questions, trop peu connues en France, et qu'elles donnent leur avis en se plaçant à un point de vue différent ?

Et ne serait-il pas préférable de demander aux Loges coloniales de faire une étude préalable des problèmes qu'elles veulent soumettre à la réflexion de leurs sœurs de la métropole, afin de les documenter, en y joignant des indications bibliographiques ? Les Loges coloniales doivent d'ailleurs chercher à créer en France un mouvement d'opinion en faveur des questions importantes qui les préoccupent : c'est le seul moyen pour elles d'obtenir satisfaction.

En résumé, et pour généraliser, il appartient aux Loges qu'un problème intéresse plus particulièrement d'agiter l'opinion maçonnique et de créer un courant en sa faveur par des études préalables et documentées, mais il est nécessaire que ce problème soit étudié par tous les At.·. de la Fédération.

Nous n'en retenons pas moins l'intervention du F.·. Courty car elle nous montre qu'il est préoccupé par le souci de réduire le nombre des questions à étudier dans les Loges et par celui de les placer dans des conditions qui leur permettent de bien travailler et de produire des rapports consciencieusement étudiés et bien documentés.

Le F.·. Girard rapporteur de la Morale Laïque se plaint aussi du trop grand nombre de questions portées à l'ordre du jour du Convent. Il fait savoir que la Commission des études politiques et sociales (1) « a décidé, de concert avec le 6e bureau, qui lui a fait parvenir un ordre du jour en ce sens, de demander au Convent de 1910 la constitution d'une commission spéciale pour l'étude et la solution de cette question.

« Je m'autorise, dit-il, de ma qualité de rapporteur pour indiquer tout de suite que cette nouvelle commission ne me paraît pas devoir atteindre le but poursuivi et présenter, même au Convent de 1911, une solution convenable.

« Pourquoi ?

« Parce que les procédés employés aux Convents pour développer les questions à l'ordre jour, et notamment la morale laïque, laissent à désirer.

« En effet, en dehors des formalités qu'entraîne toujours un Congrès, une vingtaine de questions d'une grande importance sont soumises à la discussion et aux délibérations du Convent. *C'est déjà beaucoup trop.* » (2)

(1) — P. 211 du compte rendu du Convent de 1910.

(2) — Nous avons pris la liberté de souligner dans les textes cités les passages les plus importants, ceux qui viennent à l'appui de notre thèse.

Le F∴ Bédarride rapporteur de la question de la Décentralisation administrative, après avoir indiqué (1) que la Commission des Etudes politiques et sociales demande au Convent de donner un avis favorable à la Décentralisation administrative sans se « prononcer en faveur d'un système déterminé », fait remarquer qu'avant de se prononcer sur un système quelconque « il » faudra que l'opinion publique soit éclairée, » mûrie, que les citoyens soient bien au » courant des problèmes complexes que sou» lève la question de la décentralisation. » afin d'obliger les pouvoirs publics à faire une réforme sérieuse. Et notre F∴ ajoute :

« Aussi quatre Loges réclament-elles soit comme travail complémentaire, soit comme travail principal que la question retourne à l'étude sous une nouvelle forme : l'étude du projet du Gouvernement, des projets Beauquier et Martin, du projet Boudenoot, du projet Paul Boncour et des autres qui pourraient être déposés.

» C'est à cette solution que la Commission vous propose de vous rallier après avoir formulé une approbation de principe, *et elle pense que cette nouvelle consultation, pour être véritablement féconde, devra être documentée comme celle du Capital et du Travail,* mais plus simplement : ***Il suffirait d'envoyer à toutes les Loges le texte des trois ou quatre projets en jeu et quelques extraits ou indications bibliographiques*** ; Le Convent laissera au Conseil de l'Ordre le soind'appré-

(1) PP. 184-185 du compte rendu du Convent 1910.

cier le nombre et la nature des documents et renseignements complémentaires qu'il conviendra de joindre aux textes des projets de loi pour l'instruction de tous nos F F.·. dans les Orients les plus reculés. »

Il nous est agréable de constater que le F.·. Bedarride, la Commision des Études politiques sociales et le Convent de 1910, qui a approuvé les conclusions de la Commission, ont aperçu la nécessité de documenter les Loges.

Le F.·. Bachelet, rapporteur de l'Etude du syndicalisme, conclut en demandant de renvoyer à l'étude des Loges le Collectivisme et il ajoute : (1) « Enfin étant donné que le F.·. Gariel a déposé un rapport très documenté sur la participation aux bénéfices, qu'il offre de le faire imprimer et de l'envoyer à toutes les Loges, nous vous demandons d'étudier aussi la question de la participation aux bénéfices ».

Nous nous faisons un devoir de féliciter le F.·. Gariel de son heureuse initiative et nous nous permettons de signaler à tous nos F F.·. et aux Loges ce moyen de documentation destiné à provoquer une louable émulation très favorable à notre éducation. Le F.·. Courty, dont il a été déjà parlé a fait précéder la déclaration que nous avons déjà relevée des quelques mots suivants : (2) « Tous les ans on demande au Convent d'envoyer à l'étude des Loges différentes propositions. L'année dernière, j'ai demandé *que ces demandes d'avis envoyées*

(1) P. 209 du compte rendu du Convent de 1910.
(2) P. 209 du compte rendu du Convent de 1910.

aux Loges soient au moins documentées. Ajourd'hui.... ».

LES COMMISSIONS N'ONT PAS LE TEMPS DE DÉPOUILLER SÉRIEUSEMENT LES DOSSIERS

Les travaux du dernier Convent ont été ouverts le lundi matin, 19 septembre. Or nous voyons figurer à l'ordre du jour de la séance du mardi matin la question suivante (1) « : Obligation pour le propriétaire qui sollicite l'autorisation de construire, dans les villes de plus de 10.000 habitants, d'affecter au moins la moitié de la surface développée à des logements d'habitation accessibles par le prix du loyer aux salariés, travailleurs et employés. »

En admettant que le rapporteur ait été en possession du dossier le lundi matin, il était dans l'impossibilité absolue de dépouiller sérieusement les 149 réponses des Loges. Aussi le F.·. Bachelet a-t-il été obligé de demander que la discussion soit renvoyée à la séance du lendemain mercredi. (2) Il nous semble que même après avoir obtenu ce nouveau délai, notre F.·. n'a pas pu examiner d'assez près les avis et les rapports reçus.

Autre exemple : le F.·. *Bédarride* rapporte dans la séance du vendredi matin, 23 septembre, la question de la décentralisation administrative. Voici comment il s'exprime (3) : « J'auraisvoulu vous apporter un travail digne d'une Assemblée comme

---

(1) P. 33 du Compte rendu du Convent de 1910.
(2) P. 30 du compte rendu du convent de 1910.
(3. P. 179 du compte-rendu du convent.

la vôtre et me donnant satisfaction à moi-même au point de vue de la classification des solutions, de leur critique approfondie et de leur appréciation complète ».

» Malheureusement, notre Commission n'a reçu le dossier que jeudi matin, *et cela m'a imposé l'inconvénient de compulser hâtivement les réponses des Loges*, comme ce rapport forcément superficiel vous le montrera, ce dont je m'excuse à l'avance ».

Le F∴ Girard, rapporteur de la Morale Laïque dit (1) : « Mes FF∴, je dois tout d'abord indiquer que je proteste quelque peu, d'une façon fraternelle, contre les paroles du dernier orateur qui descend de cette tribune (2). Il a parlé de la pauvreté des documentations fournies par les Loges. Eh bien ! en ce qui concerne cette étude de la morale, la documentation est riche, tellement riche que *la Commission elle-même n'a pas eu le temps matériel nécessaire pour dépouiller tous les rapports.* »

Et il ajoute, après s'être plaint du trop grand nombre de questions figurant à l'ordre du jour du Convent : « Mais le danger n'est pas là (3). (Dans le trop grand nombre de questions). Il réside dans le fait de confier, le mardi, à un rapporteur, un dossier où s'entassent les rapports de presque toutes les Loges de la Fédération, en le priant de compulser ces dossiers et d'en exposer la quintessence un ou deux jours après devant l'Assemblée générale.

(1) P. 210-211 du compte-rendu du Convent de 1910.
(2) Le F∴ Courty dont nous avons cité les paroles.
(3) Si, en partie du moins, à notre avis. Car, ainsi que nous avons essayé de le montrer, il place les Loges, les Commissions et le Convent dans de mauvaises conditions pour faire œuvre vraiment utile.

» Si le rapporteur est nourri de la question, ce ne seront pas les séances hâtives des commissions qui ébranleront ses convictions, *et son rapport ne sera pas le miroir fidèle du travail des At.·.*

» En d'autres termes, les App.·., les Comp.·. et les Maît.·. de toutes les régions apportent les matériaux, et c'est à un seul Maçon qu'est confiée la tâche d'élever l'édifice *dans un espace de temps notoirement insuffisant.*

Et plus loin il conclut : (1)

» Plus de 50 At.·. de France, des colonies et de l'étranger, ont adressé de remarquables rapports, *qu'il est absolument utile pour la Maçonnerie de condenser en un seul et unique travail, qui devra être soumis par une Commission spéciale aux délibérations du prochain Convent.*

» La Commission, *devant l'impossibilité matérielle* de faire œuvre utile et durable, aussi bien au Convent de 1910 qu'au suivant — tant qu'ils n'auront qu'une semaine de durée — vous propose la Constitution d'une commission spéciale pour l'étude et la solution de cette question au Convent de 1911. »

Le F.·. Denis Guillot, rapporteur de la question relative à la recherche de la paternité s'exprime ainsi (2) : « Je dois dire qu'il y a dans ce volumineux dossier une foule de rapports du plus grand intérêt. La question y est traitée tout à la fois au point de vue historique et au point de vue philosophique de la façon la plus complète, et je craindrais vraiment de commettre

(1) P. 215 du compte-rendu du Convent de 1910.
(2) P. 270 du compte rendu du Convent de 1910.

quelque injustice en cotant plutôt tel rapport que tel autre. On conçoit, en effet, que la situation du rapporteur est particulièrement difficile dans une circonstance semblable. Lorsqu'il s'agit de faire un choix entre quatre ou cinq rapports, il est possible de mettre une certaine part d'équité dans son appréciation ; mais si on est en présence de 150 rapports, *il faudrait y passer plusieurs semaines avant de pouvoir formuler une appréciation définitive.* »

MOYENS DE PERMETTRE AUX COMMISSIONS DE FAIRE ŒUVRE UTILE

Notre Loge a demandé pour atteindre ce but :

1° La désignation par le Conseil de l'Ordre d'un rapporteur qui recevrait les réponses des At∴ et ferait un rapport préalable qui, selon l'expression du F∴ Girard serait « *le miroir fidèle du travail des At∴* » et l'envoi de ce rapport à toutes les Loges au moins deux mois avant le Convent.

2° Que chaque Commission ne discute qu'une seule question d'ordre politique et social en prenant pour base le rapport préalable.

Nous constatons avec plaisir que les vues de la Commission des études politiques et sociales viennent appuyer notre première conclusion ci-dessus puisqu'elle demandait (1) dans le 3e paragraphe de ses conclusions relatives à la conclusion de la morale laïque :

« Que la commission des Etudes politiques

(1) P. 250 du compte rendu du Convent de 1910.

et sociales de 1910 *élise un rapporteur qui soumettra à la Commission de 1911 une étude complète des travaux envoyés par les Loges pendant les années 1910 et 1911 et qui pourra servir de base utile pour présenter la synthèse des idées maçonniques sur la question de la morale au Convent de 1911.* »

Ce paragraphe, il est vrai, fut, pour des raisons que nous ignorons, repoussé par l'Assemblée Générale. Mais il nous est agréable de constater que la Commission a reconnu la nécessité de rédiger un rapport préalable avant la réunion du Convent si l'on veut faire œuvre vraiment utile.

DE LA DISCUSSION ET DES VOTES AU CONVENT

Le F.·. Hamon, intervenant dans la discussion du Syndicalisme s'exprime ainsi : (1) « Mes FF.·. dans une question aussi importante que celle du Syndicalisme, il y a un point de vue philosophique ; or, il me semble que la Franc-Maçonnerie ne peut pas prendre parti par un vote dans une question philosophique et ne doit se déclarer dans un sens ni dans un autre ; je pense que nous devons nous borner à exprimer des idées et à étudier toujours, sans décider de quel côté est la vérité.

» D'ailleurs, vous avez vu qu'il y avait des opinions contraires ; la vérité n'est donc pas reconnue par tout le monde, et ce n'est pas le vote d'une majorité qui la fera reconnaître par la minorité. Ce n'est pas une déclaration, un vote qui annulera les idées

(1) P. 172 du compte rendu du convent de 1910.

des uns ou des autres pas plus que la déclaration du concile n'a empêché la terre de tourner ; une déclaration du Convent dans un cas semblable ne prouverait rien.

» D'autre part, il pourrait en résulter un froissement de la minorité ; je crois que c'est absolument inutile et qu'il n'est pas dans l'esprit de la Maçonnerie de froisser qui que ce soit. Etant donnée l'importance de cette question, il me semble qu'elle doit rester sous le maillet, *avec les documents qu'on a donnés, les opinions qui ont été émises, pour l'année prochaine, nous éclairer davantage.* »

Nous terminerons là nos citations. Nous partageons la manière de voir du F.·. Hamon qui fut d'ailleurs approuvée par le Convent.

Les discussions de l'Assemblée générale, quant il s'agit de questions d'ordre politique et social, doivent avoir une valeur documentaire et nous aider à nous éclairer.

Et si un vote intervient il ne doit et ne peut avoir qu'une valeur indicatrice qui nous permet de nous faire une idée aussi exacte que possible de la pensée maçonnique.

Mais pour qu'il en soit ainsi il devient indispensable d'organiser notre travail sur des bases plus rationnelles : c'est pourquoi nous avons entrepris la présente étude que nous livrons à la réflexion et à la critique de nos FF.·. avec l'espoir qu'ils amélioreront notre projet en corrigeant ce qu'il peut avoir de défectueux.

LA LOGE " UNION, TRAVAIL ET LIBERTÉ "

O.·. de Millau le 22 mars 1911.

BIBLIOTHÈQUE NATIONALE R.F.

www.ingramcontent.com/pod-product-compliance
Ingram Content Group UK Ltd.
Pitfield, Milton Keynes, MK11 3LW, UK
UKHW012308240726
13966UKWH00004B/1722